¿QUÉ QUIERES SABER?

SUPERGENIOS

Primera edición: junio de 2023

© 2023, H. M. Zubieta
© 2023, Penguin Random House Grupo Editorial, S. A. U.
Travessera de Gràcia, 47-49. 08021 Barcelona
© 2023, Juanje Infante, por las ilustraciones
Diseño del logo: Celeste Rodríguez de Bobes
Diseño de cubierta: Penguin Random House Grupo Editorial / Silvia Blanco

Printed in Spain – Impreso en España

ISBN: 978-84-19366-28-3
Depósito legal: B-7.958-2023

Compuesto en Punktokomo, S. L.
Impreso en Gráficas 94, S. L.
Sant Quirze del Vallès (Barcelona)

AL 66283

H. M. ZUBIETA

¿QUÉ QUIERES SABER?

SUPERGENIOS

LOS DINOSAURIOS Y LA PREHISTORIA

ILUSTRACIONES DE **JUANJE INFANTE**

ALFAGUARA

EL COLEGIO

Alejo llevaba hoy al cole una camiseta chulísima, con un dibujo **¡de un dinosaurio!** Estaba muy orgulloso, así que se la enseñó a sus amigos Mar, Bruna y Teo.

—Es un **diplodocus** —dijo Teo, el más listo de todos.

—Es bonito... Me gusta mucho —dijo Mar, la chiquitina—. Quiero uno...

—¿Quieres una camiseta como la mía? —dijo Alejo—. ¡Normal! **¡Es la mejor camiseta del mundo!**

—No... Una camiseta no. Quiero un dinosaurio.

—Los dinosaurios no existen, Mar —dijo Bruna.

—Bueno, vivieron hace **muchos muuuchos años** —explicó Teo—. Pero ya no existen, se han extinguido todos.

—¡Yo quiero uno! Quiero uno de mascota. ¡Y no soy tonta! —Se enfadó Mar—. Sé que ya no hay dinosaurios, pero, cuando los había, los cavernícolas tenían **dinosaurios de mascota**. ¡Eso es lo que quiero!

—¿De dónde has sacado eso, Mar? —dijo Teo, extrañado—. Eso es mentira, no había dinosaurios mascota. De hecho, los dinosaurios se **extinguieron** primero, y luego fue cuando evolucionamos los humanos, así que ¡es imposible!

—Si los cavernícolas vivieron hace muchos años, y los dinosaurios también, ¿por qué no podían existir al mismo tiempo? **¡Con lo monos que son!** ¡Seguro que los tenían de mascotas! —dijo Mar.

¡QUÉ MIEDO! ¿Y SI TE COMEN?

¡PUES YO QUIERO UN DINOSAURIO MASCOTA!

6

¡La que se había montado **de repente**! Mar y Alejo estaban convencidos de que había dinosaurios mascota en la prehistoria. Teo y Bruna insistían en que no.
¿Quiénes tenían razón?

¡SERÍA UNA PASADA! DE BEBÉS SERÍAN COMO PERRITOS, Y LUEGO CRECERÍAN Y PODRÍAS MONTAR EN DINOSAURIO, ¡QUÉ GUAY!

¡QUE NO! ¡QUE ERA IMPOSIBLE!

Para comprobarlo, ¡solo se les ocurrió una solución! En la biblioteca estaba el **superordenador del colegio**, que resolvía todas las dudas con su cerebro robótico. ¡Allá fueron los cuatro!

Al ver que tenían el superordenador para ellos solos, encendieron la pantalla, y Bruna, que era la más alta y la que mejor llegaba, tecleó la pregunta: **«¿Los humanos primitivos tenían dinosaurios de mascota en la prehistoria?»**.

Todas las luces se apagaron y el ordenador empezó a hacer **ruidos fortísimos**...

—¿Qué está pasando? —dijo Alejo, espantado.

En la pantalla apareció un texto:

«Es una muy buena pregunta. Os enseñaré la respuesta, venid conmigo. ¿Preparados? **¡Nos vamos de viaje!**».

Un **chorro de luz** salió de la pantalla y se los tragó a los cuatro, ¡y parecía que estuvieran volando o cayendo por un tobogán luminoso!

—¡Socorrooo! —chillaba Teo.

—¡Yupiii! —se reía Bruna.

Y, de repente, ya no estaban en la biblioteca ni en el colegio. ¿Qué era esto? Todo estaba **oscuro**, salvo la pantalla del superordenador, que flotaba a su lado.

—Ordenador, **¿dónde estamos?** —preguntó Alejo.

«No tengáis miedo. Os he llevado al **mejor lugar** para resolver vuestra pregunta. En realidad, estáis en el mismo sitio que antes, pero hace muchos muuuchos años».

Y entonces lo entendieron. El superordenador había decidido solucionar su duda en directo, llevándose a Mar, Bruna, Alejo y Teo a... **¿la época de los dinosaurios?**

BAJO EL MAR

¡Allí no había ningún dinosaurio! Teo, Mar, Alejo y Bruna buceaban en medio de la oscuridad, dentro de una **burbuja**. ¡Fuera había agua! Agua oscura y profunda, un mar que los rodeaba por todos los costados. Pero en aquel mar no había dinosaurios, **¡ni tampoco peces!**

> ¡HOLA, PECECITOS! JOPÉ, ¿POR QUÉ NO HAY PECECITOS?

> ¡TAMPOCO HAY DINOSAURIOS!

Para entender de dónde vienen los dinosaurios (y nosotros), hay que empezar mucho antes, y todo comienza aquí. Bajo el mar, hace más de **cuatro mil millones de años**.

En el fondo del mar había **agujeros y tubos** por donde salían chorros de **agua caliente**. A su alrededor, en la corriente, flotaban puntitos diminutos. El agua hervía porque bajo la roca había **lava**; el planeta se acababa de formar, estaba recién salido del horno.

¡PERO ESO NO ES UN DINOSAURIO! ¡ES UN TUBO!

¿QUÉ SON ESAS COSITAS QUE SE MUEVEN?

POR ELLOS EL PLANETA SOLTABA CALOR Y GASES, ¡IGUAL QUE EL TUBO DE ESCAPE DE UN COCHE!

ESTOS TUBOS SE LLAMAN **FUENTES HIDROTERMALES**.

LUCA, EL ANCESTRO UNIVERSAL

⧗ Vivió hace **4.350 millones de años**, en la era Paleoarcaica.

❓ Se llama así por las siglas en inglés de **«último antepasado común universal»**: es el tataratataratatarabuelo de tooodos los seres vivos de la Tierra.

⚡ **Habilidades: convierten el calor y los gases del agua en energía,** ¡para LUCA, el agua caliente es como un batido riquísimo!

Los puntitos eran bichillos minúsculos. ¡**Bacterias!** Las primeras bacterias nacieron aquí, en el fondo del mar, y vivían y se nutrían del agua hirviendo, de los **gases y minerales**. Fueron los primeros seres vivos y los más sencillos. Todos los demás han evolucionado a partir de ellas, y los científicos les pusieron el nombre de **LUCA**.

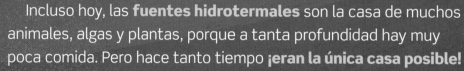

Incluso hoy, las **fuentes hidrotermales** son la casa de muchos animales, algas y plantas, porque a tanta profundidad hay muy poca comida. Pero hace tanto tiempo ¡eran **la única casa posible!**

Después, las bacterias empezaron a crecer y a dividirse, ¡había bacterias por todas partes! Crecían tanto que las más grandes se comían a las pequeñitas: era **el ciclo de la vida.** Las bacterias más lentas o tontas, o las que se adaptaban peor si algo cambiaba, eran las que otras se comían.

A esta **bacteria** le han salido aletas.

¡ESO ES LA EVOLUCIÓN!

SOBREVIVEN LOS MÁS APTOS: NO LOS MÁS FUERTES Y GRANDES, SINO LOS QUE SABEN ADAPTARSE MEJOR.

¡ANDA, COMO TÚ, MAR!

¡NOOO!

HAIKOUELLA, UNO DE LOS PRIMEROS PECES

Vivió hace **518 millones de años,** en el periodo Cámbrico.

Lo encontraron en fósiles en China y era muy pequeño, medía menos de dos centímetros. **¡Ya tenía cerebro, boca, dientes y quizá incluso ojos!**

Habilidades: disponía de branquias para **respirar en el agua** y aletas para nadar, ¡igual que los peces de hoy en día!

Puede nadar mejor en el mar, pero en el aire no podría vivir. **¡Se ha adaptado a su entorno!** Los bichitos se fueron haciendo más diversos, con **antenas** o **aletas**, o una boca para comerse a los otros.

Eran pececitos **microscópicos**, que poco a poco también se iban haciendo más grandes y pareciendo peces de verdad.

¿QUÉ ES ADAPTARSE? ¿ESTE SE ESTÁ ADAPTANDO?

¡AHORA SON PECES! ¡BIEEEN, PECECITOS!

QUÉ PECES MÁS RAROS.

Aún parecían bichos marinos **misteriosos**, ¡pero eran peces, los primeros de todos!

13

No se sabe bien si tenían ojos o no, porque los *Haikouella* nos han llegado como **fósiles**. En los fósiles no siempre se ve todo lo que había, o a veces salen cosas y los científicos no las distinguen. ¿Será un **ojo** o una **nariz**?

LAS ROCAS SUBMARINAS ERAN LA CASA DE **MUCHOS ANIMALES PREHISTÓRICOS.**

ERAN UN LUGAR SEGURO DONDE ESCONDERSE, Y CRECÍAN ALGAS QUE PODÍAN COMER.

¡SE HAN ESCONDIDO! TENDRÍAN OJOS Y NOS HAN VISTO, Y LOS OTROS NO, JA, JA, QUÉ TONTOS.

¡ESTE ME ESTÁ MIRANDO!

Estos animales con forma de escarabajo o cangrejo se llamaban **trilobites**. Llevaban un caparazón encima que parecía una **armadura**, y no nadaban, sino que caminaban por las piedras y por la arena del fondo del mar con sus **patitas**.

TRILOBITES, LOS PRIMEROS ANIMALES CON OJOS

Vivieron hace unos **540 a 251 millones de años**, del Cámbrico al Pérmico.

Descubrieron unos en la Sierra Gorda de Córdoba, **¡y los llamaron *Serrania gordaensis*!**

Habilidades: estos sí que tenían ojos, parecidos a los de las moscas, y veían muy bien. **¡Algunos se escondían en la arena para cazar!**

La **burbuja** empezó a subir hacia la superficie, y los niños se dejaron llevar por la corriente; la luz del sol atravesaba las olas y dibujaba rayos luminosos donde caía. **¡Tierra a la vista!** Todos se lanzaron a nadar para alcanzar la costa. Mar ayudaba a Bruna, llevándola de la mano, porque ... **¡Bruna no sabía nadar!** Se sentaron en la arena de la playa prehistórica y contemplaron el río que desembocaba en el mar y las dunas altas como **montañas**.

PERO FUERA DEL AGUA... **¡NO HABÍA ANIMALES!**

¡CORREEED! ¡QUE VIENE UN TIBURÓN!

¡AY, QUE ME MOJAS!

¡NO ES UN TIBURÓN! ES UN CELACANTO.

En aquella época, el mar estaba **lleno de vida**. La mayoría de los peces parecían normales, pero otros nos resultarían rarísimos.

Los celacantos eran unos **grandes peces** prehistóricos. Los más grandes medían más de **dos metros** de largo, como una persona adulta muy alta, y podían vivir **¡más de cien años!**

EN LAS PLAYAS DE HACE 400 MILLONES DE AÑOS NO SE VEÍAN GAVIOTAS. ¡LOS PÁJAROS NO HABÍAN EVOLUCIONADO AÚN!

CELACANTO, EL FÓSIL VIVIENTE

Los celacantos más antiguos vivieron hace **400 millones de años**, en el Devónico... ¡Y los más recientes aún están vivos!

Tienen huesos dentro de las aletas, **¡porque empezaban a convertirse en patas!**

Habilidades: vivían en las profundidades del mar, **¡pero podían subir a la superficie para cazar!**

Los celacantos eran primos hermanos de los peces con pulmones. **¡Sí, con pulmones!** Antes tenían branquias, pero desarrollaron pulmones como nosotros y aprendieron a respirar aire.

Fue en aquella época, en el **periodo Devónico**, cuando los peces primigenios quisieron ir más allá de la orilla.

Uno de estos primeros **aventureros** era un pez y al mismo tiempo no lo era. Parecía un pez, pero también una salamandra o lagarto. Nadaba, pero se asomaba fuera del agua y tenía... ¡patitas!

¡PORQUE TE COMERÍA!

SI SIGUE HABIENDO CELACANTOS, ¿POR QUÉ NO PUEDO TENER YO UN DINOSAURIO?

TIKTAALIK, LA PRUEBA VIVIENTE DE LA EVOLUCIÓN

Vivió hace **375 millones de años**, en el Devónico.

Tenía branquias y escamas como los peces, y dientes de cocodrilo, **¡pero también pulmones y aletas como brazos!**

Habilidades: hizo muy felices a los paleontólogos, porque era justo el punto intermedio entre pez y animal de cuatro patas. **¡Llevaban siglos buscándolo!**

EN TIERRA FIRME HABÍA PROTECCIÓN DE LOS DEPREDADORES; **NADIE PODÍA COMÉRSELOS.**

¡EL ESLABÓN PERDIDO ENTRE LOS PECES Y LOS REPTILES!

TAMBIÉN HABÍA COMIDA, PLANTAS Y LA LUZ DEL SOL. ¡MUCHAS OPORTUNIDADES QUE ALGÚN ANIMAL AVISPADO PODRÍA APROVECHAR!

Aquel **pez-reptil**, que era capaz de salir del río y de pasearse por el barro de la desembocadura, vivía en las **marismas**, zonas con agua y tierra. ¡Tenía aletas como manitas y doblaba las muñecas para caminar!

19

LAGARTOS TERRIBLES

¡Ya había animales en la tierra! No en el planeta Tierra, sino en el suelo, respirando aire y comiendo plantitas. Los **depredadores** dijeron: «Aquí hay un montón de **lagartijas** y nadie se las come, me las voy a comer yo». Y salieron del agua también, para cazarlas.

Así aparecieron **los primeros animales que vivían fuera del agua**. La verdad es que no parecían gran cosa: eran como lagartijas bastante feas.

MEGANEURA, LA LIBÉLULA HELICÓPTERO

Vivió hace **300 millones de años**, en el Carbonífero.

Necesitaba tanta energía para volar que, si se esforzaba demasiado, las alas se le sobrecalentaban, **¡como un motor!**

Habilidades: tenía pinchos y espinas en las patas para cazar presas; **las atrapaba como un cepo.**

¿Y ESTO SON LOS DINOSAURIOS?

¡VAYA BIRRIA DE DINOSAURIO! ¡NOS HAS TIMADO!

Al principio eran canijos, pero fueron creciendo. **¡Y no solo los dinosaurios!** También otros animales se hicieron gigantes.

Quizá fue porque no existían las **aves cazadoras** o porque el aire tenía más oxígeno, pero los insectos eran grandísimos. Esta **libélula** fue el insecto más grande que vivió en la tierra (o en el aire). Como aún no había **pájaros** que se la pudieran comer, podía permitirse ser enorme.

AUNQUE ERA CARNÍVORA, SOLO COMÍA OTROS INSECTOS Y ANFIBIOS PEQUEÑOS COMO RANAS.

NO HABRÍA SIDO PELIGROSA PARA UNA PERSONA, AUNQUE SÍ ALGO ASQUEROSA.

¡AAAGGG, QUÉ ASCOOO!

¡Medía casi lo mismo que Mar! Tenía ojos como puños y **cuatro alas** cubiertas de nervios y venas. Por eso se llamaba *Meganeura*, que significa «nervios grandes».

En latín, la palabra **«dinosaurio»** significa **«lagarto horroroso»**. Los primeros científicos que los descubrieron pensaron que eran justo eso, pero hoy sabemos que no eran lagartos exactamente, aunque sí reptiles. Las junglas tropicales de la prehistoria estaban **¡llenas de vida!**

Los cuatro amigos se sentaron en el tronco caído de una palmera, y allí miraban a los bichos cruzar para ir a beber agua al río. De pronto, todos los lagartos se asustaron con un ruido y se escabulleron entre los helechos. **¿Qué estaba pasando?** Algo se acercaba...

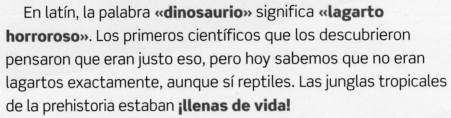

¡YO HE VENIDO A VER DINOSAURIOS Y SOLO VEO LAGARTOS FEOS!

EN REALIDAD, «DINOSAURIO» SIGNIFICA «LAGARTO FEO»...

¡Un **lagarto terrible** salió de entre la hojarasca! Los cuatro amigos treparon a un árbol para protegerse.

EL HERRERASAURIO ERA TAN ALTO COMO UN SEÑOR ADULTO Y, DE LARGO, **MÁS DEL DOBLE**.

HABRÍA CABIDO DEBAJO DE UNA PORTERÍA DE FÚTBOL, PERO A DURAS PENAS.

HERRERASAURIO, UNO DE LOS PRIMEROS DINOSAURIOS

⌛ Vivió hace **230 millones de años**, en el Triásico.

❓ ¡Se llama así porque lo descubrió un pastor argentino de apellido Herrera!
Era carnívoro y no comía ninguna planta, y lo sabemos por… **¡sus HECES fosilizadas!**

⚡ **Habilidades:** confundir a los científicos, pues les **costó muchísimo clasificarlo correctamente**.

Cazaba pequeños reptiles, y era **uno de los primeros dinosaurios** propiamente dichos. Al ser uno de los más primitivos, muchos **evolucionaron** a partir de él.

Pero el **herrerasaurio** no estaba solo; no era el único dinosaurio carnívoro, tenía que competir con otros cazadores. Unos pasos retumbaron en el suelo, y apareció un dinosaurio ¡aún más grande! Era una especie de **cocodrilo gigante**; caminaba a cuatro patas y tenía la cabeza afilada y una larga cola. **¡Terrorífico!**

ERA EL MÁS GRANDE DE TODOS LOS DINOSAURIOS QUE HABÍA EN AQUEL MOMENTO.

¡EL ENEMIGO DEL HERRERASAURIO SE **LLAMABA SAUROSUCHUS!**

A aquel **bicharraco** le caía muy mal el herrerasaurio, que estaba alerta ante el dinosaurio enemigo. **¡Y tan enemigo!** ¡Como que empezaron a pelearse y a lanzarse bocados!

Estos dos **dinosaurios carnívoros** luchaban entre sí, peleaban por la comida y el territorio. ¡Se han encontrado **fósiles** de cabezas de *Herrerasaurus* con colmillos de *Saurosuchus*!

¡SE VAN A COMER EL UNO AL OTRO!

SAUROSUCHUS, EL COCODRILO-LAGARTO

Vivió hace **230 millones de años**, en el Triásico.

Medía hasta **9 metros de largo**, ¡como un camión de la basura!

Habilidades: era el depredador más fuerte de su hábitat, el superdepredador **(hasta que evolucionaron otros más grandes para comérselo).**

Las praderas eran un **buen hábitat** para muchos dinosaurios distintos y otros animales. Tenían **diversas formas y tamaños**; desde lagartijas corriendo a dos patas hasta depredadores terribles como el *Saurosuchus*.

ERA LA TIERRA DEL TRIÁSICO Y DEL JURÁSICO, UN PERIODO QUE COMENZÓ ¡HACE 200 MILLONES DE AÑOS!

ERA LA EDAD DE ORO DE LOS DINOSAURIOS, QUE FUERON EVOLUCIONANDO Y HACIÉNDOSE MÁS GRANDES.

PTERODÁCTILO, EL DE LOS DEDOS CON ALAS

⌛ Vivió hace **150 millones de años**, en el Jurásico.

❓ Los **dinosaurios voladores** gigantes y con cresta de las pelis no son pterodáctilos, sino pteranodones, **¡no los confundáis!**

⚡ **Habilidades:** estaban cubiertos de pelito, para no pasar frío. **Tenían una bolsa en el cuello**, como los pelícanos, donde acumulaban lo que pescaban.

Los **carnívoros** evolucionaban para luchar y comerse los unos a los otros; los **herbívoros**, para ser tan tochos que ni un tiranosaurio se los pudiera zampar, y así seguir comiendo plantas tranquilitos.

¡Incluso había dinosaurios voladores!
Era un bicho curioso el **pterodáctilo**: tenía
un pico largo como un pelícano o un tucán,
pero con dientes afilados de cocodrilo, y
alas membranosas de murciélago.
Es cierto que era pequeño: de lado
a lado de las alas, no mediría más de un
metro. De lejos podría haber pasado
por un **ave marina**, pero de
cerca no cabía confusión: **¡era
un dinosaurio, aunque
volase!**

¿ES UN
PÁJARO?

¡NO! ¡ES UN
PTERODÁCTILO!

PUES VAYA,
YO CREÍA QUE ERAN
MÁS GRANDES.

¡QUÉ MONO ES!

Pero en aquella **pradera jurásica** faltaba algo. No había pájaros, ni tampoco grandes mamíferos. Los dinosaurios ocupaban el espacio de los grandes depredadores, como el león, o herbívoros pacíficos, como los ciervos. En vez de eso, había **alosaurios** y **estegosaurios**.

LAS MARIPOSAS EXISTÍAN EN EL JURÁSICO: NO ERAN DE LA MISMA FAMILIA, **PERO TENÍAN PRECIOSAS ALAS DE COLORES.**

SE LLAMABAN *KALLIGRAMMA*, QUE EN GRIEGO SIGNIFICA «DIBUJOS BONITOS» EN SUS ALAS.

¡MARIPOSAS! ¡MENOS MAL QUE NO SE EXTINGUIERON!

¿Y LOS DINOSAURIOS NO TE IMPORTA QUE SE EXTINGUIERAN?

DIPLODOCUS, EL GIGANTE VEGETARIANO

⌛ Vivió hace **150 millones de años**, en el Jurásico.

❓ Medía hasta 27 metros de largo, **¡como una torre de pisos!** Su cuello era más largo que dos jirafas, **¡y podía pesar hasta 15 toneladas!**

⚡ **Habilidades:** se ponía a dos patas para alcanzar las hojas más altas de los árboles. **¡No se escapaba ni una!**

Los **cuatro amigos** decidieron sentarse a descansar, y menos mal que miraron al suelo antes: ¡casi se sientan sobre unos **huevos de dinosaurio**! De pronto, empezaron a sentir **fuertes pisadas**.

Los dinosaurios más grandes del mundo ponían **huevos** bastante pequeños. Se cree que era por supervivencia, ¡para que resultara más difícil para los depredadores que querían hacerlos **tortilla**!

Los pasos de un **diplodocus** retumbaban como una manada entera de rinocerontes, espantando a cualquier **carnívoro**.

¡VIENEN LAS MAMÁS DINOSAURIO! ¡SOCORROOO!

¡QUÉ MIEDO! NOS COMERÁ...

¡QUE NO, QUE SOLO COMEN PLANTAS!

Los diplodocus se alimentaban de plantas y tenían incluso **dientes especiales**, como las púas de un peine, para comer hojas. Este tipo de dinosaurio probablemente vivía en **manadas**.

Las **hembras** ponían huevos en nidos cercanos, y así los vigilaban juntas. Habrían visto a cualquier **intruso**, aunque se quedase quieto; aquello de que los dinosaurios no te ven si no te mueves es mentira.

Esta mamá tenía **cuatro diplodoquitos** del tamaño de un mastín, que correteaban tras ella.

> LOS CIENTÍFICOS NO SABEN AÚN CUÁNTOS **HIJOS TENÍAN LOS DIPLODOCUS.**

> ¡AYUDA! ¡ME ESTÁ OLFATEANDO! ¿SEGURO QUE ERA VEGETARIANA?

> HAN ENCONTRADO NIDOS FÓSILES CON MUCHOS HUEVOS, PERO NO TODOS SOBREVIVÍAN. EL JURÁSICO ERA DURO, SOBRE TODO PARA LOS BEBÉS DINOSAURIO.

> LE GUSTA TU CAMISETA...

Con su **larguísimo cuello**, la dinosauria rodeó a los cuatro niños y los juntó con sus cuatro bebés. **¡Sí que la habían liado!** ¡Ahora la mamá se pensaba que Mar, Bruna, Alejo y Teo también eran sus hijos! Aunque intentaban escapar, era **tan grande** que los veía siempre y no les dejaba irse.

Después del periodo Jurásico, llegó el **Cretácico**.

En esta época, también había otros dinosaurios que seguro que conocéis: caminaban a cuatro patas, con **cuerpos robustos** y **grandes cabezones**. Y en estas cabezas tenían un **cuerno** sobre cada ojo y un tercero en el hocico, rodeados de una armadura en forma de abanico...

Su nombre significa «**tres cuernos en la cara**», así que es bastante descriptivo.

¡CREO QUE ES POR LA CAMISETA!

ESO, MEJOR QUÍTATELA... ¡ASÍ LA DISTRAEREMOS!

¡LOS TRICERÁTOPS!

¿Y ESTOS TAMPOCO ERAN MASCOTAS? ¡JOPÉ!

TRICERÁTOPS,
EL DINOSAURIO RINOCERONTE

Vivió hace **67 millones de años**, en el Cretácico.

Era el herbívoro más común, como las vacas hoy en día. **En un río de Estados Unidos encontraron más de 70 tricerátops.**

Habilidades: los científicos creen que usaban los cuernos **¡para ligar!** Los tricerátops con los cuernos más grandes eran los que más parejas conseguían.

Por las **llanuras del Cretácico** paseaban **tricerátops** solitarios o en pequeños grupos, no en grandes manadas, aunque se juntaban para beber o comer.

Dos hembras cuidaban de un macho jovencito. Iban masticando los arbustos, las ramas más bajas y la hierba. Aunque parecía que caminaban a su bola, estaban **alerta**.

Entonces ocurrió.

Los tricerátops se dieron cuenta mucho antes que los niños, gracias a su oído y a su olfato.

¡UN DEPREDADOR!

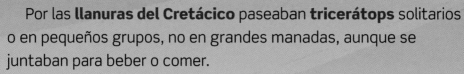

TODO EL MUNDO RECONOCE AL TIRANOSAURIO REX: LO HEMOS VISTO EN PELÍCULAS, DIBUJOS E HISTORIAS.

NO ES CUALQUIER DEPREDADOR. ¡ES UN TIRANOSAURIO!

TIRANOSAURIO REX,
EL REY DE LOS DINOSAURIOS

⏳ Vivió hace **67 millones de años**, en el Cretácico (aunque la peli se llame *Parque Jurásico*).

❓ **Comía tricerátops:** se han encontrado fósiles con sus dientes clavados.

⚡ **Habilidades:** tenía dientes de 30 centímetros, ¡como un cuchillo de cocina! Veía trece veces mejor que un humano, disponía de un gran olfato **¡y hasta detectaba la temperatura!**

Miraron hacia atrás, espantados de pronto, y empezaron a moverse más deprisa, protegiendo a la cría. **¡Estaban huyendo del tiranosaurio!**

Las hembras empujaban al joven para que se diera prisa, dándole con el **hocico**. Delante tenían un río. Seguían corriendo sin parar cuando una ola arrastró al triceratops joven y también al tiranosaurio.

¿Quién había ganado, el tiranosaurio o el triceratops? Solo los fósiles revelarían la verdad, millones de años más tarde.

TENÍA INMENSOS COLMILLOS, UNA COLA PODEROSA, PATAS TRASERAS FUERTES Y VELOCES... Y LAS DELANTERAS CORTAS, PERO ¡CON GARRAS AFILADÍSIMAS!

¡SE LOS VA A COMER!

¡CORRED, TRICERATOPSITOS!

Al final del Cretácico, pasó algo.

Hace **66 millones de años**, a finales de primavera o inicios de verano, los **dinosaurios** caminaban en manadas, los **peces** nadaban en el río, los **insectos** revoloteaban sobre las flores y **pequeños mamíferos** como zarigüeyas correteaban por los árboles o se escondían en madrigueras.

¡NUNCA HABÍA VISTO UNA ESTRELLA FUGAZ DE DÍA!

¡PEDID UN DESEO! ¡YO PIDO TENER UN DINOSAURIO DE MASCOTA!

¡ES UN METEORITO!

Había una **estrella fugaz** en el cielo.

Bruna se enfadó: si decían los deseos en voz alta, no se cumplirían. Además, el de Mar no se podía cumplir, porque **los dinosaurios se habían extinguido**.

Teo tenía la voz temblorosa y preguntó si sabían **cómo** se extinguieron los dinosaurios.

Los dinosaurios vieron caer aquel
meteorito de quince kilómetros,
casi el doble que el monte Everest.
El impacto creó un cráter que aún se puede
ver en la **península de Yucatán**, en México. La
Tierra se cubrió de cenizas y gases venenosos,
y cuando los supervivientes salieron de sus
escondites **ya no había dinosaurios**...
Pero había otras cosas.

NUESTROS ANTEPASADOS

El **paisaje** cambió completamente antes y después del meteorito. Donde hubo bosques profundos, luego solo había praderas amplias, cubiertas de una hierba suave. Este cambio es la frontera entre el **Cretácico** y el **Paleógeno**.

PLESIADAPIS, EL ANCESTRO DE LOS MONOS

Vivió hace **58 millones de años**, en el Paleoceno.

Es nuestro tataratataratatarabuelo, **¡nos puede dar muchísimos datos de cómo surgimos los seres humanos!**

Habilidades: trepaba muy bien porque medía unos 80 cm de largo, como un gato, y era muy ligero, **¡pesaba unos dos kilos!**

¡AY, QUÉ MAJO!

¡ES NUESTRO ANTEPASADO!

En su **madriguera**, un hueco en la tierra, se escondía una familia de animalillos suaves y con cuatro patas. **¡Mamíferos!** Es decir, ¡eran animales que daban de **mamar** a sus crías!

Aquel pequeño mamífero se llamaba *Plesiadapis*.

LOS MONOS TAMBIÉN TREPAN ÁRBOLES. **TIENEN PATAS ÁGILES Y LA COLA LARGA PARA AGARRARSE.**

DE HECHO, ¡LOS MONOS EVOLUCIONARON A PARTIR DE ESTE MAMÍFERO!

¡Es uno de los animales **más importantes** en nuestra historia! ¡Evolucionaron después del meteorito! Aún no tenían manitas como los monos, pero sí **garras** muy hábiles.

Hace **más de cincuenta millones de años**, evolucionaron los **primates**, a los que llamamos monos. De ellos, vinieron los **homínidos** y, más tarde, los **humanos**.

¿DE AQUÍ HEMOS VENIDO NOSOTROS?

La palabra «primates» significa «**los primeros**», «**los mejores**» (y llamarlos así es un poco arrogante, porque los humanos también somos primates), pero a simple vista **no eran tan distintos** del *Plesiadapis*.

ASÍ FUNCIONA LA EVOLUCIÓN: CON MUCHOS CAMBIOS MUY PEQUEÑOS DURANTE UN LARGO TIEMPO.

El primer primate parecía un **monito**: muy pequeño, como los lémures, agarrado a la rama de un árbol con manos y pies.

Aunque no tenemos **fósiles** de todas las especies que han existido...

¡Sí podemos rellenar los huecos con los que tenemos y deducir **cómo serían**!

ARCHICEBUS, EL PRIMATE PRIMIGENIO

Vivió hace **55 millones de años**, en el Paleoceno.

Casi todos los primates, monos y simios, **incluso tú y yo, hemos evolucionado a partir de uno así**.

Habilidades: ser monísimo (¿lo pilláis?). **Comía insectos porque era muy pequeñito**, medía menos de 30 cm y pesaba 30 gramos.

Los hijos y los nietos de aquel primatito fueron **evolucionando** y cada vez parecían **más monos** (y no solo porque fueran adorables). Sus **patas** eran como las manos de un ser humano, y sus **colas** eran larguísimas, de chimpancé.

ESTE ANIMAL SE LLAMABA **EGIPTOPITECO**.

¡ESO YA ES UN MONO!

COMO HABRÉIS ADIVINADO, VIVÍA EN EGIPTO.

¡A MÍ ME GUSTAN MÁS LOS DINOSAURIOS! ¡VETE, MONO FEO! ¡QUE VUELVAN LOS DINOSAURIOS!

EGIPTOPITECO, EL ANTEPASADO MÁS MONO DE TODOS

⏳ Vivió hace **30 millones de años**, en el Oligoceno.

❓ **Ya tenían cosas muy parecidas a nosotros:** ciclo menstrual, dos pechos para dar de mamar a los bebés y uñas en vez de garras.

⚡ **Habilidades:** pocas. **Era bastante tonto;** tenía el cerebro muy pequeñito comparado con otros primates.

Este monito gris con la cara y las manos sin pelo, que se paseaba a **cuatro patas** por los árboles tropicales, es parte de nuestro **árbol genealógico**.

Pasaron **millones de años** y se empezaban a notar rasgos de humanidad en aquellos animales. Algunos parecían **chimpancés** más primitivos.

Pero de ahí hemos salido nosotros, y nos íbamos acercando muy **muuuy** despacio.

¡ERAN PELUDOS Y FIEROS!

PODÍAN AGARRAR COSAS CON LOS **PIES, NO SOLO CON LAS MANOS.**

En uno de los árboles había un **simio** que tendría el tamaño de un mono grande o de una persona pequeña, agarrado a una rama con una mano y un pie.

Parecía un ser **intermedio** entre un gorila, un chimpancé... **¡y un niño!**

Era todas aquellas cosas, y ninguna a la vez... Porque aquel era **Pau**, el ancestro de todos.

BON DIA, PAU!

PIEROLAPITHECUS CATALAUNICUS, NUESTRO ABUELO PAU

⌛ Vivió hace **13 millones de años**, en el Mioceno.

❓ Lo encontraron en Els Hostalets de Pierola, en Barcelona. Lo llamaron Pau, que es «paz» en catalán. **¡No a la guerra!**

⚡ **Habilidades:** ¡se movía por los árboles en vertical! De tamaño, era un como un niño de siete años **superfuerte**.

Al principio, los **descendientes** de Pau eran muy monos: se colgaban de las ramas y se balanceaban sin esfuerzo. Luego, algunos comenzaron a bajar un poco al suelo, pero seguían manteniendo una **postura a cuatro patas**.

Cada vez estaban más juntos, en grupos y manadas; jugaban unos con otros, se comían los piojos del pelo de sus amigos, y hacían otras tantas cosas asquerosas de **homínidos**.

PASABAN MÁS TIEMPO EN EL SUELO Y MENOS EN LOS ÁRBOLES. SUS ESPALDAS EMPEZARON A PONERSE UN POCO MÁS RECTAS.

¿LO VES, MAR? ¡NO TIENEN DINOSAURIOS DE MASCOTA!

¡LOS CAVERNÍCOLAS SÍ QUE TENDRÁN DINOSAURIOS PEQUEÑITOS CON LOS QUE JUEGAN!

CUANDO IBAN POR LAS RAMAS, USABAN BRAZOS Y PIERNAS PARA MOVERSE.

Pero no eran amigos de ningún dinosaurio.

¡Y sus pies no eran de mono! ¡Ya no agarraban las ramas tan bien, preferían caminar! Las **huellas** que dejaban en el barro eran muy parecidas a las nuestras.

Muchos de los homínidos prehistóricos vivían en lo que hoy es **África**. En la sabana, los grandes felinos de esa época buscaban presas para cazar. Y las había muy sabrosas, como homínidos que ya no subían a los árboles en absoluto, sino que **corrían** torpes por la tierra.

EN TIERRA, ERA MÁS FÁCIL USAR SOLO LAS PATAS TRASERAS, ASÍ VEÍAN MÁS LEJOS.

ES COMO EL PIE DE MI PADRE, QUE USA UN 47.

45

Los felinos de esta época poseían **dientes de sable** y eran **mucho más grandes** que los jaguares o que los leones de hoy, feroces y hambrientos... **¡Qué miedo!**

Los cuatro amigos estaban asustados, pero no eran los únicos. Entre los homínidos, que también habían visto a la fiera y se alejaban, había una **hembra joven**, y les sorprendió que su cuerpo no era muy distinto del que podría haber tenido una mujer bajita y corpulenta. Levantó la cabeza y los miró con unos **ojos muy humanos** en aquella carita de mono, parpadeó un par de veces y salió corriendo.

TODOS LOS SERES VIVOS QUE PERTENECEN AL GÉNERO *HOMO* SON HUMANOS.

46

A partir de **Lucy**, la **primera australopiteca**, las cosas cambiaron porque, científicamente, empezaron los **seres humanos**. Ya no eran homínidos, sino humanos! Pero no humanos como nosotros, sino humanos prehistóricos.

Pero los *Homo sapiens* no somos los únicos humanos... Ahora sí somos la única especie humana de la Tierra, pero no siempre fue así.

DENTRO DE ESE GRUPO, NOSOTROS SOMOS HOMO SAPIENS, EL HUMANO SABIO.

CHAVALES..., CREO QUE ACABAMOS DE CONOCER A LUCY.

AUSTRALOPITHECUS AFARENSIS, NUESTRA ABUELA LUCY

Vivió hace **3,2 millones de años**, en el Plioceno.

Le pusieron Lucy por una canción de los Beatles, pero en amárico, la lengua de Etiopía (donde vivía), se llama Dinknesh, **«la maravillosa»**.

Habilidades: ¡andaba de pie todo el rato! **Tenía una mandíbula muy fuerte** para masticar plantas, aunque también comía carne.

En lo que hoy es **Tanzania** había montañas, acantilados y cuevas alrededor de un gran lago. Hoy ese lago está seco y es un valle que se llama Oldupai. Junto a la orilla se reunían **grupos**, familias de ¿humanos? Sí, humanos primitivos, aunque aún muy distintos de nosotros. Construyeron un **muro** para protegerse y estar juntos, dar de mamar a bebés, comer y beber agua.

¡ESTÁN FABRICANDO HERRAMIENTAS! ¡CHOCAN PIEDRAS ENTRE SÍ!

SON MUY HÁBILES.

NO TIENEN DINOSAURIOS, PERO TÚ NO TE VAS A CONVENCER HASTA QUE LLEGUEMOS A LOS *HOMO SAPIENS*, ¿VERDAD?

¡EXACTO!

HOMO HABILIS, EL HUMANO HÁBIL

Vivió hace **2,4 millones de años**, en el Pleistoceno.

¡Es la primera especie humana! Tenían cerebros más grandes, eran diestros y zurdos.

Habilidades: muchas, como indica su nombre. **¡Usaban herramientas!** No solo rompían cosas a pedradas, sino que fabricaban cuchillos y refugios, cortaban la carne y limpiaban el cuero, y machacaban la comida en purés.

¿Y qué más hacían?

Golpeaban piedras para construir **cuchillos** y **hachas** con los que cortar la comida.

Eran **muy listos**, pues esperaban a que un depredador cazara una presa y lo ahuyentaban para llevársela.

NO TENÍAN FUEGO: CUANDO PESCABAN UN PEZ SE LO COMÍAN CRUDO, **COMO EL SUSHI**.

Tampoco hablaban con palabras, pero **se comunicaban**. Tenían herramientas tan complejas que hacían falta instrucciones para fabricarlas, y para apilar rocas y hacer muros. Si no se hubieran comunicado, no habría sido posible. Pero, aunque sus **cuerdas vocales** no fueran como las nuestras y no hablasen, ¡eran lo bastante humanos para entenderse!

Esta fue la primera especie de humanos: *Homo habilis*.

En aquel lago también había **depredadores**, como grandes **cocodrilos prehistóricos**. Se han encontrado fósiles de *Homo habilis* que lo dejan claro: a uno le falta una pierna y tiene marcas de dientes de cocodrilo en el hueso, y a otro se lo comió un leopardo.

Los *Homo habilis* sobrevivieron porque **colaboraban entre sí**. Si se organizaban, podían espantar y atacar a los carnívoros que querían comérselos. Por eso somos **animales sociales**. Si los *Homo habilis* no se hubieran protegido, querido y vivido en sociedad, no existiríamos nosotros.

ALGUNOS DE LOS YACIMIENTOS MÁS IMPORTANTES **ESTÁN MUY CERCA DE NOSOTROS.**

HOMO ERECTUS,
EL HUMANO ERGUIDO

⌛ Vivió entre unos **2 millones y 100.000 años** atrás. ¡Es el humano que más tiempo ha sobrevivido, más que nosotros!

❓ **Habitaba en África, Asia y el sur de Europa.** ¡Incluida la península ibérica!

⚡ **Habilidades:** descubrió el fuego, hacía herramientas mucho más complejas y probablemente **hablaba un poquito**.

Pronto **se reprodujeron** y se expandieron por África, Asia, Europa... Los cuatro niños se encontraron en un lugar que... **¿les sonaba de algo?** Era una pequeña colina rodeada de valles, con cuevas muy profundas.

Atapuerca fue el hogar de muchas personas en la prehistoria. ¡Sí, personas! Más bajitas y corpulentas, más peludas y desnudas, pero personas. Los humanos primitivos que vivían en aquellas cuevas llevaban antorchas, porque... ¡controlaban el fuego! Ningún otro animal usaba el fuego, ni tampoco tenían ese pedazo de lanzas que cargaban a cuestas. ¡Iban a cazar! Eran *Homo erectus* y hacían honor a su nombre, pues andaban rectos y erguidos.

¡QUÉ PASADA! ¡SEGURO QUE CAZARÁN UN BICHARRACO ENORME!

¿UN MAMUT? ¿UN ELEFANTE?

¿UN DINOSAURIO?

¡QUE NO!

QUÉ ABURRIDO SER UN NIÑO *ERECTUS*, NI SIQUIERA TENÍAN PERRITOS...

¿CUÁNDO SE INVENTARON LOS PERRITOS?

Los niños de los *Homo erectus* recogían **raíces** y **frutos** y los llevaban a las cuevas. Sus vidas no eran tan diferentes de las nuestras: **jugaban**, se reían, se tiraban unos a otros las frutas en lugar de llevarlas a casa, y sus padres los regañaban.

ESTA COLINA ENTRE VALLES SE LLAMA ATAPUERCA Y ESTÁ EN BURGOS.

51

Pasaron miles de años y Atapuerca siguió habitada. Era un **buen lugar para vivir**, con mucha comida y buena temperatura, cuevas y refugios.

Pero la gente que vivía allí era... **¿distinta?**

Sus cabezas no eran redondas, sino **planas**. Los huesos de las cejas eran abultados, y tenían una pinta **más fuerte y corpulenta** que la de la mayoría de las personas de hoy.

¡YA NO SON *HOMO ERECTUS*!

SI NO TIENEN MASCOTAS, ¡NO ME INTERESAN!

NEANDERTALES, NUESTROS PRIMOS LEJANOS

Vivieron hace 230.000 años y se extinguieron hace 28.000, ¡hace nada si los comparamos con los dinosaurios!

Convivían en grupos de 15 personas. Enterraban a sus muertos, curaban a los enfermos y cuidaban de quienes no podían cazar.

Habilidades: ¡hicieron las primeras obras de arte de la humanidad, **pinturas rupestres**! Están en España.

Los neandertales ya eran **muy parecidos** a nosotros. Si hubieran llevado ropa moderna, solo pensaríamos que eran algo más feotes (comparados con la gente que hoy consideramos guapa). Incluso **se maquillaban**: se han encontrado conchas de almejas con restos de pintura de colores, que quizá usaban para pintarse la cara o el cuerpo.

LOS NEANDERTALES COINCIDIERON CON LOS HUMANOS MODERNOS Y TUVIERON HIJOS CON ELLOS.

¿Y SON NUESTROS TATARABUELOS?

¡TODOS LLEVAMOS UN POQUITO DE NEANDERTAL EN NUESTRA SANGRE!

¡YA SON HUMANOS DE VERDAD! ¡¿A QUE TENÍAN DINOSAURIOS, A QUE SÍ, A QUE SÍ?!

VERÁS QUE NO.

¿Y LAS MASCOTAS?

Aquellos neandertales que habían vivido en la **península ibérica**, en la sierra de Atapuerca, sí que eran nuestros antepasados. Cuando apareció una **nueva especie** humana en las cuevas de Atapuerca, los neandertales seguían allí.

La nueva especie de humanos éramos... **nosotros**.

Eran seres humanos completamente **modernos**: sus caras, las formas de sus cuerpos, la manera de moverse y de expresarse, ¡todo! Existimos desde hace 315.000 años, de cuando son los primeros fósiles de *Homo sapiens*, encontrados en **Marruecos**.

Tenían la misma capacidad que nosotros de pensar, hablar, inventar, contar historias, sumar y restar...

LLEVAMOS EXISTIENDO CIENTOS DE MILES DE AÑOS, Y CASI TODO ESE TIEMPO LO HEMOS PASADO EN CAVERNAS Y CUEVAS.

LAS CIUDADES Y LA TECNOLOGÍA SON INVENTOS MUY RECIENTES EN COMPARACIÓN.

Pasó el tiempo y los neandertales desaparecieron; los *Homo sapiens*, sin embargo, **florecieron**. Cada vez los grupos eran más grandes, y la ropa más adornada, y los objetos que fabricaban más complejos...
¡Así nacía una civilización!

Quizá los humanos empezaron así a tener **mascotas**: un niño corrió hacia la cueva, abrazando un bultito peludo, un adorable **cachorro de lobo**. De mayor, el temible lobo se quedó cerca de las cuevas pidiendo comida. A cambio, cuando otro **animal salvaje** se acercaba, gruñía, atacaba y avisaba a la gente.

¿LO VES, MAR? ¡ERAN LOBOS, NO DINOSAURIOS! ¡SE EXTINGUIERON!

¡NO! ¡NO QUIERO! ¡YO QUIERO QUE HAYA DINOSAURIOS!

LOS PRIMEROS LOBOS SE CONVIRTIERON EN NUESTROS AMIGOS LOS PERROS HACE UNOS **30.000 AÑOS.**

LOS LOBOS FUERON EL PRIMER ANIMAL DOMESTICADO, PERO NO EL ÚNICO.

Parecía que habían resuelto, por fin, la duda que los había llevado hasta aquí. Mar estaba muy decepcionada, y Alejo un poco también: **se habían hecho ilusiones**.

Teo y Bruna celebraron que tenían razón. **¡Toma!** Chocaron los cinco. No había dinosaurios mascota, y nunca los había habido, y nunca los habría...

¿Seguro?

A los seres humanos nos encanta hacernos amigos de otros animales suaves y bonitos, jugar con ellos y darles de comer.

Pero ¿de los **dinosaurios también**? Una chica, junto a la cueva, sacaba las semillas de unas espigas. Una paloma se le acercó hambrienta.

LA PALOMA FUE LA PRIMERA AVE QUE DOMESTICAMOS, HACE UNOS **10.000 AÑOS**; DE AHÍ VIENEN LAS PALOMAS MENSAJERAS.

TAMBIÉN DOMESTICAMOS A LOS GALLOS SALVAJES Y AHORA HAY POLLITOS; TAMBIÉN PATOS Y OCAS, LOROS Y COTORRAS.

A lo mejor otra persona la habría espantado, pero esta mujer de las cavernas tuvo compasión por ella. Tomó un **puñado de semillas** con la mano y se las tiró más cerca. El pájaro las picoteó y se acercó más, y ella lo repitió hasta que consiguió acariciarle la cabecita. Mar tenía razón. **Los pájaros, en realidad, son dinosaurios.**

—Lo pone en la ficha: todos los pájaros son dinosaurios —dijo Mar—. **¡Tenía razón yo!**

—¿Eso significa que los periquitos son dinosaurios? —preguntó Alejo, muy contento—. ¡Tenemos un periquito en casa! ¡Tengo un dinosaurio de mascota! **¡Tomaaa!**

—¡Teo, diles algo! —se quejó Bruna—. ¡No tienen razón!

Pero Teo asentía con la cabeza, aceptando la derrota.

—Sí que la tienen, es verdad... Aunque han evolucionado mucho desde entonces, es verdad que las aves son dinosaurios.

—¡Pero los dinosaurios **dan miedo** y los pájaros no!

—Bueno, ¡si te ataca una oca ya me dirás si te da miedo o no! —opinó Alejo.

Habían resuelto la duda: sí que había dinosaurios mascota, **¡e incluso el propio Alejo tenía uno en su casa!** No era un tiranosaurio, pero era mucho mejor, porque los tiranosaurios no se podían subir al hombro y decir su nombre como el periquito.

Como ya les había respondido a su pregunta, la pantalla del **superordenador** absorbió de nuevo a los cuatro amigos y los llevó de vuelta a la biblioteca del cole...

Ahora Alejo sabía que tenía un dinosaurio de mascota, es cierto, pero... ¡también tendría que explicar en el colegio qué había pasado con su **camiseta de diplodocus** y por qué había vuelto del recreo sin ella!

¿QUÉ QUIERES SABER?

SUPERGENIOS

¿Todo listo para conseguir tu NIVEL EXPERTO?